Gisbert Greshake

«UND DAS IST HEUTE»

Meditationen zu den Kar- und Ostertagen

Gisbert Greshake

«UND DAS IST HEUTE»

Meditationen zu den Kar- und Ostertagen

HERDER

FREIBURG · BASEL · WIEN

Gisbert Greshake
Dr. theol., Lic. theol., geb. 1933. Nach langjähriger seelsorglicher Tätigkeit Promotion (Münster) und Habilitation (Tübingen) in Dogmatischer Theologie. Professor (1974 Wien; seit 1985 Freiburg im Breisgau). Autor zahlreicher Veröffentlichungen.

INHALTSVERZEICHNIS

VORWORT

Die deutsche Sektion von «Radio Vatikan» bat mich, in der Karwoche 2006 jeweils am Vorabend eine geistliche Hinführung zu den Kar- und Ostertagen zu geben. Das lebhafte Echo, das diese fanden, führte zum Vorschlag, die Meditationen einem größeren Kreis zugänglich zu machen. Dies geschieht nun im vorliegenden Büchlein.

Der ursprüngliche Radiotext findet sich hier nur geringfügig erweitert und durch Meditationsbilder ergänzt. Diese Bilder, die aus verschiedenen Epochen und Stilrichtungen stammen (frühes Mittelalter, frühe Neuzeit, Moderne und Gegenwart), thematisieren auf je verschiedene Weise das «Dies ist heute» des in der Liturgie gefeierten vergangenen Heilsgeschehens. Der Sprechstil der Radiosendung wurde ebenso beibehalten wie auch die zeitliche Situation, wonach die einzelne Meditation jeweils auf den *folgenden* Tag hinweist.

Der «rote Faden», der sich durch die verschiedenen Betrachtungen hindurchzieht, ist das «Heute». Was damals geschah *(in illo tempore)* ist nicht vergangen, sondern wird je neu Gegenwart. Denn das (scheinbar) Vergangene ist nicht «fertig» und «abgeschlossen», es liegt nicht hinter uns, so dass nur gläubige, rückwärtsgewandte Erinnerung daran heranreicht, nein, was geschehen ist, ist noch nicht an ein Ende gekommen, es ist unabgeschlossen und offen dafür, dass wir uns darin einbeziehen lassen. Wir feiern also keine Ereignisse der Vergangenheit, sondern die Gegenwart der Heilstaten Christi, die sich hier und jetzt an uns vollziehen.

In diesem Sinn möge diese kleine Hinführung mit dazu helfen, die Kraft der Gegenwart des gekreuzigten und auferstandenen Herrn zu erfahren.

Freiburg im Breisgau,
am Fest Kreuzerhöhung,
14. September 2006
Gisbert Greshake

GRÜNDONNERSTAG

Einheit – das Ziel der Wege Gottes

Als Judas hinausgegangen war, sagte Jesus: Jetzt ist der Menschensohn verherrlicht, und Gott ist in ihm verherrlicht.
Und Jesus betete: Alle sollen eins sein: Wie du, Vater, in mir bist und ich in dir bin, sollen auch sie in uns sein, damit die Welt glaubt, dass du mich gesandt hast. Und ich habe ihnen die Herrlichkeit gegeben, die du mir gegeben hast; denn sie sollen eins sein, wie wir eins sind, ich in ihnen und du in mir. So sollen sie vollendet sein in der Einheit.
Johannesevangelium 13,31; 17,21–22

Ist das Brot, das wir brechen, nicht Teilhabe am Leib Christi? Ein Brot ist es. Darum sind wir viele ein Leib.
1. Korintherbrief 10, 16–17

Im Hochgebet der Eucharistiefeier des morgigen Gründonnerstags ist ein kleiner, aber bezeichnender Zusatz vorgesehen. In die Worte des Einsetzungsberichts: «In der Nacht, da er verraten wurde, nahm er das Brot und sagte Dank» wird eingeschoben: «Das ist heute!» Was sollen diese Worte «Das ist heute» bedeuten? Sollen wir so tun, als ob das Geschehen des Letzten Mahles Jesu jetzt stattfindet, als ob es heute wäre? Soll da zu einer Art von «Fiktion» aufgefordert werden? Keineswegs! Es geht hier nicht um ein «als ob», sondern: das, was damals zur Zeit Jesu geschah, ist von solchem Gewicht und von solch bleibender Mächtigkeit, dass es nicht einfach vergangen ist. Mehr noch: das damalige Geschehen ist nicht einfach an ein Ende gekommen und in diesem Sinn «fertig», es ist noch unabgeschlossen und offen für uns und alle Gegenwart. Deshalb sind die vergangenen Heilsereignisse nicht etwas, an das man sich nur rückwärtsgewandt erinnert: «Damals ist das geschehen!» Nein, was in der Vergangenheit geschah, ist für immer Gegenwart geworden, so dass wir zu Recht sagen: «Und das ist heute!» Immer aufs Neue «heute!». Und dieses Heute betrifft nicht nur die Ereignisse des Gründonnerstags, sondern alle drei großen österlichen Tage, die nun vor uns liegen. Alle drei haben ihren Grund in der Vergangenheit, werden aber immer wieder aufs Neue im Heute Gegenwart und weisen zugleich auf ihre letzte Vollendung in der Zukunft hin. So durchdringen sich hier alle drei Dimensionen der Zeit: Vergangenheit, Gegenwart und Zukunft.

Blicken wir genauer auf den morgigen Tag. Was geschah damals, was bis zu uns heute reicht und Gegenwart wird? Zunächst einmal proklamiert Jesus beim Letzten Mahl, am Ende seines Lebens, feierlich, was sein ganzes Leben war und als was es jetzt bis in den Tod hinein durchgehalten wird: «Leib, für euch hingegeben» – «Blut, für euch vergossen». Über Jesu ganzem Leben steht dieses Wort «Für euch!». In der neueren Theologie benutzt man dafür den Kurzbegriff der *Proexistenz* Jesu. Das heißt: Jesu Existenz verwirklichte sich ganz im *pro*, das heißt im liebenden Fürsein, im Fürsein für uns Menschen und zugleich im Fürsein für den Vater, der durch seinen Sohn die verlorenen Kinder Gottes wieder zur Einheit mit sich und untereinander zusammenführen will. Dafür hat Jesus gelebt, dafür gibt er sein Leben hin, in der Haltung liebender Hingabe, im «Ganz-für-uns-Menschen-da-Sein». Er hält dieses «Für» der Liebe auch da noch durch, wo der Hass der Menschen über ihn schlimmste Folter und abscheulichen Tod kommen lässt. Dadurch dass Jesus seine Liebe dennoch nicht zurücknimmt, wird der Hass in Liebe, der Tod in Leben, die Knechtschaft der Sünde in Freiheit, das Nein der

Menschen in das größere göttliche Ja verwandelt.

Zur Bestätigung dafür reicht Jesus seinen Jüngern, uns allen, Brot und Wein. In diesen geringen, so leicht übersehbaren Zeichen – was ist schon das bisschen Brot, ein Schluck Wein? – in diesen kleinen Zeichen will er uns mit seiner verwandelnden Liebe erreichen und selbst umwandeln. Er möchte unserem tiefsten Seelengrund zu eigen werden, so wie durch das Essen natürlicher Nahrung die Speise unserem Leib buchstäblich zu eigen wird, Teil von uns selbst wird. Indem wir Eucharistie feiern, lassen wir dankend und lobend seine Liebe, ihn selbst, uns schenken und in uns wirksam werden. Indem wir im Empfang seines Leibes und Blutes von der verwandelnden Kraft seiner Liebe erreicht werden, sind wir auch befähigt, diese Liebe weiterzugeben.

Und dies alles ist nicht Vergangenheit, sondern seither bleibende Gegenwart. Im eucharistischen Mahl schenkt der Herr uns auch heute seine verwandelnde Liebe, eine Liebe, die stärker ist als Tod und Hass und Schuld. Er legt sie uns ins Herz, damit wir sie weitergeben. Das ist auch der tiefste Sinn der Glaubensaussage von der Eucharistie als Opfer. Es gibt nur ein einziges Opfer, das vor Gott Bestand hat, und das ist die Lebenshingabe Jesu für uns. Die ist ein für allemal geschehen. Da ist alles «drinnen». Sie war genug, mehr als genug. Und deshalb kann sein Opfer auch durch nichts «ergänzt» werden. Aber dieses eine Opfer Jesu wird «heute» Gegenwart. Und damit öffnet es sich gewissermaßen für uns, damit wir uns darin einbeziehen lassen, damit wir mit hineingehen in dieses eine Opfer, damit auch wir in der Kraft seiner Liebe alles Tödliche und Lebensfeindliche verwandeln, bis sich die Mahlgemeinschaft mit Jesus, die jetzt unter den verhüllenden Gestalten von Brot und Wein geschieht, einmal vollendet in der offenbaren Gemeinschaft mit ihm und den vielen Brüdern und Schwestern.

Damit sind wir auf das wohl wichtigste Leitmotiv des Gründonnerstags und einer jeden Eucharistiefeier gestoßen, nämlich auf Gemeinschaft, Einheit, *communio*. Dadurch dass wir, die vielen, die oft von einander getrennten, nicht selten zerstrittenen Menschen ihn «kommunizieren», das heißt, seine Liebe, ihn selbst, in uns aufnehmen, werden wir nicht nur mit ihm, sondern auch untereinander eins, werden wir Glieder an seinem Leib, werden wir selbst Leib Christi, *communio*. Damit entsprechen wir dem «Testament Jesu», seinem Letzten Willen, den er nach dem Zeugnis des Johannesevangeliums im Anschluss an das letzte irdische Zusammensein mit seinen Jüngern im Gebet an den Vater den Seinen hinterlassen hat. «Alle sollen eins sein!»

Paulus greift diesen Gedanken auf, lange bevor davon die Evangelien berichten. Das für ihn so wichtige Bild von der Kirche als dem Leib Christi taucht hier zum ersten Mal im Zusammenhang mit der Eucharistie auf: «Ist das Brot, das wir brechen, nicht Teilhabe am Leib Christi? Ein Brot ist es. Darum sind wir, die vielen, ein Leib» (1 Korinther 10,16). Indem jeder Einzelne im Empfang des Leibes und Blutes Christi an dessen verwandelnder Liebe Teilhabe gewinnt und in seine Lebenshingabe hineingezogen wird, werden wir auch untereinander eins, werden wir ein Leib, Leib Christi. Das also, worauf sich am Gründonnerstag das sogenannte *Hohepriesterliche Gebet* Jesu richtet, das, was sein letztes Testament an uns ist: «Alle sollen eins sein: wie du, Vater, in mir bist, und ich in dir bin; … sie sollen eins sein, wie wir eins sind», genau das wird in der Eucharistie Wirklichkeit. Alle werden eins, Glieder an dem einen Leib Christi. Unter der Bedingung freilich, dass wir uns diesem Drängen auf Einheit hin nicht verschließen.

Und hier gilt es gewiss, aufmerksam zu sein. Es ist nämlich wohl kaum ein Zufall, dass die erste Erwähnung einer christlichen Eucharistiefeier im 1. Korintherbrief des heiligen Paulus, also viele Jahre bevor die Evangelien vom Letzten Mahl Jesu berichten, dass dieser erste Bericht unter dem Vorzeichen schärfster Kritik steht. «Was ihr da bei euren Zusammenkünften tut, das ist gar keine Feier des Herrenmahls mehr» (1 Korinther 11,20). Denn, so begründet Paulus seine harsche Kritik: «Ich höre, dass es unter euch Spaltungen gibt. ... Jeder verzehrt sogleich seine eigenen Speisen, und dann hungert der eine, während der andere schon betrunken ist.» Was bedeutet das? Der Hintergrund ist wohl folgender: Die Gemeinde von Korinth traf sich abends zum Herrenmahl und begann die Feier mit einem gemeinsamen «Sättigungsmahl», das dann erst am Ende in die eigentliche eucharistische Feier einmündete. Nun konnten einfache Gemeindemitglieder, Sklaven, Tagelöhner und Hafenarbeiter erst nach dem Ende ihrer langen Arbeitszeit zur Gemeinde kommen. Und als sie dann kamen, vielleicht mit letzter Kraft, müde und hungrig, da hatten die Reichen, die Wohlhabenden, die Gutbürgerlichen ihr Abendessen bereits verzehrt und wollten sogleich mit der eucharistischen Feier weitermachen. Und hier nun der Protest des Apostels: Das ist kein Herrenmahl, wenn man nicht aufeinander wartet, wenn man keine gegenseitige Rücksicht nimmt, wenn die sozialen Unterschiede, statt sie in der Gemeinde auszugleichen und zu versöhnen, nur noch mehr aufgedeckt, ja bestätigt werden. Das ist kein Herrenmahl! Es gilt vielmehr, wie Paulus sagt, «das Brot zu unterscheiden», damit wir uns nicht «das Gericht essen und trinken».

Diese ernsten Worte, die übrigens seit der Reform des Zweiten Vatikanischen Konzils bedauerlicherweise nirgendwo mehr in der Liturgie vorkommen, sind eine dringliche Aufforderung, die innere «Logik», die inneren Konsequenzen zu bedenken, wenn man sich auf die Eucharistie einlässt. Und diese Konsequenzen heißen: Gemeinschaft, Einheit, Communio. Die Liebe Christi, die wir in der Feier der Eucharistie empfangen, führt nicht nur zur Gemeinschaft mit dem Herrn allein, sondern zur Gemeinschaft mit dem ganzen Leib Christi. Ja, wir empfangen in der Eucharistie den ganzen Leib Christi, Haupt und Glieder.

Besonders der heilige Augustinus betont dies emphatisch. Auf die Frage: Was empfangen wir in der Eucharistie?, gibt er die Antwort: Wir empfangen unser eigenes Geheimnis, unsere eigene tiefste Wirklichkeit, nämlich den ganzen Leib Christi: Christus und die vielen Brüder und Schwestern, die

Glieder an diesem Leib sind. Und das macht Augustinus auch fest am Ritus des Kommunionempfangs: «Was ihr selbst seid, darauf antwortet ihr ‹Amen›. ... Denn ihr hört [beim Empfang der Hostie]: ‹Der Leib Christi›, und ihr antwortet: ‹Amen!› Seid also ein Glied an Christi Leib, damit euer Amen wahrhaftig sei.» Wir sehen also: Auch das Spendewort «Der Leib Christi» meint für Augustinus den ganzen Leib Christi, Haupt und Glieder. Und deswegen kann ich dazu wahrhaftig nur dann Amen sagen, wenn ich bereit bin, mich durch Christus mit den vielen anderen zum einen Leib Christi zusammenfügen zu lassen. Und dann bringt Augustinus das schöne Wort: «Seid, was ihr empfangt, und empfangt, was ihr seid: Leib Christi» (Augustinus, sermo 272).

Das ist nicht etwa augustinische Sonderlehre, sondern durchgehende Linie der großen theologischen Tradition. Auch bei Thomas von Aquin wird, um nur ein Beispiel zu nennen, ausdrücklich gesagt, dass das Ziel der Eucharistie die *unitas corporis Christi* ist, die Einheit des Leibes Christi. In der Eucharistie also wird Kirche, baut Christus selbst den einen Leib mit den vielen unterschiedlichen Gliedern auf. Mit einem schönen, kaum adäquat übersetzbaren Wort Henri de Lubacs gesagt: «*L'église fait l'Eucharistie – L'Eucharistie fait l'église*» – «Die Kirche ‹macht› Eucharistie und die Eucharistie ‹macht› die Kirche.»

Auch einer der zwölf Grund-Sätze des Apostolischen Glaubensbekenntnisses zeigt diesen Zusammenhang auf. Wenn wir heute das Apostolikum sprechen, bekennen wir: «Ich glaube an die Gemeinschaft der Heiligen». Diese Formulierung hatte ursprünglich, vom griechischen Urtext (*koinonia ton hagion*) her, eine andere Bedeutung; es war ein Bekenntnis zur Eucharistie: Ich glaube an die gemeinsame Teilhabe am «Heiligen», das heißt am heiligen Mysterium der Eucharistie. Erst später übersetzte man die drei griechischen Worte so, wie wir sie heute bekennen. Und durchaus zu Recht. Denn aus der gemeinsamen Teilhabe an der Eucharistie erwächst die Gemeinschaft der Heiligen, das heißt die Communio all derer, die durch die Kreuzeshingabe Christi geheiligt und durch ihn zur Einheit mit sich und untereinander zusammengeführt werden.

Eben darin besteht die «Verherrlichung» und «Herrlichkeit» Christi, von der das Johannesevangelium an den anfangs wiedergegebenen Textstellen spricht, dass er die Einheit, die ihn mit dem Vater verbindet, an die Menschen weitergibt. So erfüllt sich das Ziel aller Wege Gottes: «Alles in Christus zu vereinen, was im Himmel und auf Erden ist» (Epheser 1,10).

«Und das ist heute!» Nicht nur an diesem einen Tag, sondern jeden Tag neu wird Einheit mit Gott und untereinander gestiftet, wo

Menschen sich in die Proexistenz Jesu, in sein liebendes Für-uns-Sein einbeziehen, ja buchstäblich hineinziehen lassen. So wird dann jeder Tag zum Gründonnerstag, zum Tag der alles verwandelnden und alles zur Einheit führenden Liebe Christi.

Seiten 26 und 27:

Paul Gauguin, Abendmahl, 1899

Mehr als die herkömmlichen Abendmahlsdarstellungen unterstreicht Paul Gauguin (1848–1903) auf seinem Gemälde von 1899 den unabgeschlossenen Charakter des Geschehens. Während sich dort zumeist eine geschlossene Mahlgemeinschaft versammelt hat, ist hier alles offen und vieles in Bewegung: Menschen stehen oder sitzen (noch) abseits, haben sich bereits erhoben und sind auf dem Weg, befinden sich schon in der Nähe, haben sich niedergesetzt. Die auf dem relativ dunklen Gemälde sich abhebende Lichtgestalt Jesu Christi am hellen Abendmahlstisch zieht gewissermaßen an, führt zur Gemeinschaft mit sich und untereinander zusammen. «Und das ist heute!» – immer wieder neu: hier und heute.

«Im Tod ist das Leben»

Und ich, wenn ich über die Erde erhöht bin, werde ich alle zu mir ziehen. Das sagte er, um anzudeuten, auf welche Weise er sterben werde.
Johannesevangelium 12,32–33

Immerfort tragen wir das Sterben Jesu an unserem Leib, damit auch das Leben Jesu an uns sichtbar werde. Denn unablässig werden wir mitten im Leben um Jesu willen dem Tod ausgeliefert, damit auch das Leben Jesu an unserem sterblichen Fleisch offenbar wird. So erweist an uns der Tod, an euch aber das Leben seine Macht.
1. Korintherbrief 4,10–11

Als wir über den Gründonnerstag und sein Zentrum die Eucharistie, das Sakrament der Einheit, meditierten, hatten wir schon das Kreuz Christi, das am morgigen Karfreitag in besonderer Ausdrücklichkeit vor uns steht, mit im Blick. Denn das Kreuz ist das äußerste Zeichen und die radikalste Konsequenz dessen, dass Jesus ganz *Proexistenz* war, dass er ganz für uns da war. Seine Liebe führt ihn an den allerletzten Platz, stürzt ihn in den extremsten Abgrund hinein, dorthin, wo es weiter nicht mehr geht. Das, was der Philipperbrief (2,7f.) über den Abstieg und die Entäußerung des Gottessohnes schreibt – «Er entäußerte sich, er wurde wie ein Sklave, ... er erniedrigte sich und war gehorsam bis zum Tod» –, das findet im Kreuzesgeschehen seine äußerste Verwirklichung.

So lässt uns der Karfreitag, in dessen Mittelpunkt der Gekreuzigte steht, als erstes auf dessen Tod am Schandpfahl, auf diesen Galgen der Antike blicken. Es war ein so entsetzlicher Tod, dass dieser für jüdisches Empfinden das eindeutige Zeichen dafür war, dass ein so zu Tode Gebrachter von Gott selbst verflucht ist. «Von Gott verflucht ist jeder, der am Pfahl hängt», heißt es im Buch Deuteronomium (21,23), eine Stelle, die Paulus im Galaterbrief aufgreift, um zu verdeutlichen, dass Jesus für uns zum Fluch geworden ist, das heißt, dass er den Fluch, der unserer Sünde gilt, am Kreuz auf sich genommen hat.

Aber das Kreuz lässt uns nicht nur auf den Tod blicken, sondern in ihm konzentriert sich weit mehr: Kreuz, das heißt zugleich auch: Verrat und Verleugnung, Hohn und Spott, Verachtung und Hass, Qualen der Seele und des Leibes und schließlich die Erfahrung von Gottesferne und Gottesabwesenheit. So verdichtet sich im Kreuzesgeschehen im Grunde alle Bosheit und alle Schuld der Welt. Jesus nimmt alles auf sich, trägt es ans Kreuz. Auf diese Weise macht er die ganze destruktive Macht des Bösen offenbar. So gesehen ist das Kreuz – wie Adrienne von Speyr, die Gefährtin von Hans Urs von Balthasar, es einmal formuliert hat – die große Beichte der Welt. Hier wird tatsächlich «gebeichtet», nämlich die Sünde wird nicht versteckt, verdrängt und verharmlost, sondern sie wird am Kreuz offenkundig gemacht, gewissermaßen beim Namen genannt. Jeder, der aufs Kreuz blickt, kann daran erkennen: Ja, das ist Hass und Aggression und Lüge. So steht es mit der Welt, so ist sie in Bosheit und Schwachheit verstrickt, dass sie den einzigen Schuldlosen, den einzigen, der nur geliebt hat und ganz für andere da war, auf grausamste Weise exekutiert hat. «Weg mit ihm! Ans Kreuz mit ihm!»

Er aber, der einzig Schuldlose, nimmt alles auf sich. Er zerschmettert das Böse nicht, er distanziert sich nicht von ihm, er nimmt es vielmehr auf sich, trägt es und erträgt es. Und so zerbricht er mit dem größeren Ja seiner Liebe alles Nein der schuldverstrickten, in sich selbst verliebten und an sich selbst erstickenden Menschheit.

Das Kreuz ist aber nicht nur das große Zeichen für Bosheit und Schuld der Welt, sondern auch für die Vergeblichkeit und Ohnmacht des menschlichen Lebens, für seine Unfähigkeit, den eigenen Plänen und Entwürfen Ganzheit zu geben und Vollendung zu erlangen. Auch dafür steht das Kreuz. Denn all das, wofür Jesus gelebt und sich eingesetzt hat: für die Sammlung Israels und die Einheit der übrigen «zerstreuten Kinder Gottes», für das Kommen des Reiches, für Versöhnung und Brüderlichkeit unter den Menschen, all das ist nicht ans Ziel gekommen. Die Grundoptionen Jesu, seine großen Anliegen und Zielvorstellungen, sind zerbrochen, alles scheint vergeblich gewesen zu sein. Jetzt ist offenbar alles am Ende. Das Kreuz steht somit nicht nur für Bosheit und Schuld, sondern auch für die Vergeblichkeit und Fragmentarität menschlichen Lebens. Kurz: Das Kreuz ist in jeder Hinsicht Nullpunkt, Nullpunkt für Jesus, aber auch Zeichen für all die vielen Nullpunkte, die es in der Welt gibt, für alles Scheitern, alle Vergeblichkeit und alle Ohnmacht menschlichen Lebens.

Nullpunkt Kreuz!

Aber, und das stellt nun alles auf den Kopf: Bei Jesus ist das Kreuz nicht nur der äußerste Abgrund, sondern auch der Ort des Triumphes, des Sieges, der Verherrlichung. Im Johannesevangelium wird dies dadurch zum Ausdruck gebracht, dass da von der Erhöhung die Rede ist: «Wenn ich aber erhöht sein werde, werde ich alles zu mir ziehen» (Johannes 8,28). Der Kontext zeigt deutlich: Einmal meint der Evangelist mit «Erhöhung» die Aufrichtung des Kreuzesgalgens, zum andern aber auch Jesu Erhöhung in Gottes Herrlichkeit, von der aus er alle Menschen an sich ziehen wird. Diese Zweideutigkeit des Wortes Erhöhung ist bewusst gewählt. Das Johannesevangelium will sagen: Das Kreuz Christi ist beides, äußerste Schande, schmachvolle Erniedrigung, völliges Scheitern und zugleich Herrlichkeit, Zeichen einer Liebe, die stärker ist als der Tod, Beginn eines neuen, nie endenden Lebens. Da, wo alles am Ende zu sein scheint – Nullpunkt Kreuz! –, da setzt Gott einen neuen Anfang. Das Holz des Kreuzes wird zum Baum des Lebens. Das scheinbare Ende war gar kein Ende, die Null keine Null, der letzte Platz kein bodenloser Abgrund, sondern der Ort, wo sich die Hände des Vaters ausstrecken, um seinem Sohn und darin uns allen einen neuen, endgültigen Anfang zu bereiten.

Mit dem letzten Atemzug Jesu wird nicht etwa der Tod besiegelt, sondern das Leben spendende Werk der Erlösung vollbracht. So bringt es das Johannesevangelium auf seine ganz spezifische Weise, die leider in der deutschen Einheitsübersetzung der Heiligen Schrift verunklärt ist, zum Ausdruck. Nach dem Urtext heißt es: Er neigte sein Haupt und gab seinen Geist *hin* (nicht etwa *auf*). Das heißt: Im Augenblick des Todes übergibt uns Jesus seinen Geist, den Heiligen Geist, der nun als Geist Christi die ganze Schöpfung mit neuem Leben, mit dem Leben der Liebe erfüllt.

Kreuz und Auferstehung: das gehört also zusammen. Und nur in ihrer Einheit können wir beides recht verstehen. Das zeigt auch die Liturgie des morgigen Tages: Nach der Verkündigung der Passion Jesu und nach den Großen Fürbitten nimmt die Kreuzesverehrung den zentralen liturgischen Platz ein: Dabei verehren wir nicht etwa den Galgen und nicht den Nullpunkt und nicht den

Johannes vom Kreuz, Crucifixus

Die Art, wie der heilige Johannes vom Kreuz (1542–1591) aufgrund einer Vision hier das Kreuz Christi vorstellt, ist völlig ungewöhnlich. Es steht nicht auf festem Grund, sondern schwebt gewissermaßen schwerelos im Raum. Der gemarterte Leib und dessen grausame Entstellungen hängen damit gleichsam «in die Finsternis der Gottesnacht, der Welt und der Hölle hinein» (Hans Urs von Balthasar). Ein brutales Kreuz also!
Man kann es so sehen, man kann es aber auch anders «lesen»: Das Kreuz wird hier nicht aus der Perspektive eines menschlichen Betrachters (von unten nach oben) dargestellt, sondern so, wie Gott der Vater es sieht (von oben nach unten). Und eben dieser Blick des Vaters auf den gehorsamen Sohn macht den Tod besiegelnden Schandpfahl des Kreuzes, der fest und für immer in die Erde gerammt schien, zunichte, löst ihn auf. Das Kreuz wird «gewichtslos», es beginnt zu schweben, ist unterwegs zur Auferstehung. Das scheinbare Ende war gar kein Ende, der letzte Platz keine ausweglose Sackgasse, sondern der Ort, wo sich die Hände des Vaters ausstrecken, um seinem Sohn und darin uns allen einen neuen, endgültigen Anfang zu bereiten. «Im Kreuz ist das Leben.» Auch in unseren Kreuzen.

Ort des Scheiterns, sondern wir verehren den Baum des Lebens, die Standarte des Sieges, die Quelle des Heiligen Geistes. Kreuz und Auferstehung: das gehört zusammen. Am Kreuz ist Gottes Gegenwart verborgen, die Auferstehung macht sie sichtbar. Im Kreuz verhüllt sich Gottes Liebe; in der Auferstehung tritt sie sichtbar und herrlich zutage. Einheit von Kreuz und Auferstehung. So wie wir es im Lied singen: «Geheimnis des Glaubens: Im Tod ist das Leben.» Im Tod, in der Lebenshingabe aus Liebe, da steckt immer schon geheimnisvoll das Leben. Im sterbenden Weizenkorn (Johannes 12,24) steckt die Kraft, neues Leben hervorzubringen. Einheit von Tod und Leben. Bei Jesus – und auch bei uns, bei all denen, die ihm folgen.

Das hat neben Johannes wohl Paulus am klarsten erkannt. Für ihn heißt christliches Leben wesentlich, die Einheit von Tod und (neuem) Leben zu verwirklichen. Denn wer

Christus folgt, wird oft Tödliches erfahren: er wird bei anderen «anecken», von der Welt «in die Enge getrieben» und nicht selten von ihr «niedergestreckt» (2 Korinther 4,8f). Aber gerade so und darin bricht sich auch schon das neue Leben der Auferstehung in uns Raum, jeweils für uns selbst, aber auch für die anderen. Ja, Paulus versteht seine eigene Existenz als Apostel gerade so, dass er mehr als andere den «Tod» erfährt: «Täglich sterbe ich», schreibt er im 1. Korintherbrief (15,31). Aber eben dadurch wird auch das Leben in den Gemeinden, für die er sich einsetzt, erwirkt: «So erweist an uns der Tod, an euch aber das Leben seine Macht» (1 Korinther 4,10f). Im Tod ist das Leben.

Und damit sind wir wieder bei diesem seltsamen «Heute», über das wir gestern meditiert haben. Die großen Heilsereignisse sind nicht Vergangenheit, so haben wir gesehen, sondern sie ragen immer neu in unser Heute hinein. Und das gilt besonders auch vom Kreuz, in dessen geheimnisvoller Tiefe jetzt schon das neue Leben der Auferstehung verborgen ist. So ist und bleibt das Kreuz unter uns ständige Gegenwart, und zwar nicht nur die eigenen Kreuze, die jeder zu tragen hat, auch das Kreuz Christi selbst ist und bleibt Gegenwart.

Aber wie kann das sein? Lesen wir nicht in der Osternacht aus dem Römerbrief die Verse: «Wir wissen, dass Christus, von den Toten auferweckt, nicht mehr stirbt; der Tod hat keine Macht mehr über ihn» (Römer 6,8f)? Aber deswegen ist nicht etwa sein Kreuz einfach Vergangenheit, eine bloß vergangene Etappe auf dem Weg zur Auferstehung. Zwar lebt Jesus in der Herrlichkeit Gottes des Vaters, aber er lebt auch weiter unter uns, mit uns und in uns. Zwar ist er als Haupt des Leibes, an dem wir die Glieder sind, vollendet. Aber wie kann das Haupt ganz vollendet sein, wenn es die übrigen Glieder noch nicht sind? Deshalb ist und bleibt auch Jesus Christus, solange diese Weltzeit dauert, hineinverwickelt in das Kreuz, das wir, seine Glieder noch zu tragen haben: das Kreuz der Sünde und Schuld, das Kreuz der Vergeblichkeit und Ohnmacht, das Kreuz der Krankheit und Behinderung.

Augustinus hat das in einer hinreißend anschaulichen Sprache so formuliert: «Unser Haupt ist schon im Himmel, und doch leidet es hienieden, solange die Kirche leidet. Hienieden hungert Christus, hienieden dürstet er, ist nackt, ist fremd, ist krank, ist im Kerker. Was immer sein Leib hier leidet, das leidet auch er. … Es ist ähnlich wie mit unserem Leib: das Haupt ist oben, die Füße stehen auf der Erde. Und doch, wenn dir jemand in einem Menschengedränge auf die Füße tritt, schreit dann nicht das Haupt: Du hast mich getreten? … So ruft auch das Haupt Christus, das niemand mehr treten kann: Ich bin hungrig … » (sermo 137 II,2).

So ist Christus auch heute noch in das Kreuz der Welt verwickelt. Er ist, wie dies der Kirchenschriftsteller Paulinus von Nola aus dem 4. Jahrhundert schreibt, «immer noch derjenige, der für uns mit Schwären bedeckt ist und Ohnmacht zu tragen weiß. … Er ist es, der für uns und in uns die Welt erträgt, um sie durch Ertragen zu überwinden und die Kraft in der Ohnmacht zur Vollendung kommen zu lassen» (ep. 38,3).

Wie immer man auch diesen Sachverhalt im Einzelnen zu verstehen sucht, eines ist sicher: Das Kreuz Christi ist nicht einfach eine erledigte Angelegenheit von damals. Es geht weiter unter uns Menschen, und es geht nicht weiter, ohne dass Christus sich selbst davon treffen lässt. Das bedeutet aber auch, dass unser aller Kreuze, selbst mein ganz persönliches Kreuz, von ihm mitgetragen wird und dass auch in unserem Kreuz, wie damals unter dem Kreuz Christi, schon das Leben verborgen anwest. Auch von unserem, von meinem Kreuz gilt: Am Kreuz ist Gottes Gegenwart verborgen, die Auferstehung wird sie sichtbar machen. Im Kreuz verhüllt sich Gottes Liebe; in der Auferstehung wird sie sichtbar und herrlich zutage treten. Im Tod ist jetzt schon das Leben.

In dieser Hoffnung können wir unser Kreuz tragen, unsere Leiden und Schmerzen, Ängste und Grenzen, unsere Erfolglosigkeit und unser Scheitern. Es ist nicht nur unser Kreuz, es ist immer auch sein Kreuz, das er mitträgt und das er jetzt bereits in die Perspektive und unter das Licht der Auferstehung stellt. Über jedem Karfreitag geht schon die Ostersonne auf.

«Hoffen und Harren macht keinen zum Narren»

Wir seufzen in unserem Herzen und warten darauf, dass wir mit der Erlösung unseres Leibes als Söhne offenbar werden. Denn wir sind gerettet, doch auf Hoffnung hin. Hoffnung aber, die man schon erfüllt sieht, ist keine Hoffnung. Wie kann man auf etwas hoffen, das man sieht? Hoffen wir aber auf das, was wir nicht sehen, dann harren wir aus in Geduld.

Römerbrief 8,23–25

Der Tod hat sein Werk getan. Jesus ist qualvoll am Kreuz gestorben. Mehr noch: auch sein Werk, sein Wirken, all das, wofür er stand und wofür er sich eingesetzt hatte, scheint am Ende zu sein. Die Jünger sind davongelaufen. Glaube und Vertrauen sind offenbar erloschen. Der Hass hat gesiegt. Statt Einheit und Versöhnung bestimmen Verzweiflung (am meisten bei Judas), Intrigen und Feindschaft (etwa zwischen Pilatus und den jüdischen Führern) die Szene. Wahrlich, der Tod hat sein Werk gründlich getan. Was soll jetzt werden? Wie geht es weiter? Geht es überhaupt weiter? Diese Fragen stehen über dem Karsamstag. Es ist ein Tag, an dem gewissermaßen nichts geschieht; er ist vor allem eine einzige große Frage.

Diese Frage: Wie geht es weiter?, ist aber auch eines der ewigen Probleme, mit denen Menschen sich herumzuschlagen haben. Immer wieder bricht im Leben die Frage auf, wie es weitergehen soll, wenn bisherige Pläne und Lebensoptionen gescheitert, Partnerschaften zerbrochen und Hoffnungen enttäuscht worden sind. Die Frage des Karsamstags: Wie soll es weitergehen?, ist also nicht eine bloße Sache der Vergangenheit, sondern sie ist, wie auch die anderen Glaubensmysterien, ständige Gegenwart. Ja, der Karsamstag entspricht wohl am meisten unserer menschlichen Situation, und darum weist er mehr noch als die anderen Gedenktage des Glaubens ins Heute, in jenes Heute, von dem schon gestern und vorgestern die Rede war.

Wie geht es weiter? Der Karsamstag fragt, kann aber die Antwort selbst nicht geben, so wie keiner von uns selbst Antwort geben kann, wenn uns diese Frage bedrängt. Was also ist zu tun? In dieser Situation weisen uns Heilige Schrift und liturgische Tradition der Kirche in die Haltung des Wartens, des Harrens, des Hoffens ein. Wie oft heißt es in der Heiligen Schrift, besonders in den Psalmen: Harre auf Gott, werde still, warte auf ihn (Psalm 42,6; 131,2). «Israel, harre auf den Herrn» (Psalm 131,3). Besonders eindringlich spricht in Psalm 130 der Beter: «Ich hoffe auf den Herrn, es hofft meine Seele, ich warte voll Vertrauen auf sein Wort. Meine Seele wartet auf den Herrn, mehr als die Wächter auf den Morgen. Mehr als die Wächter auf den Morgen, soll Israel harren auf den Herrn» (130,5f).

An diese alttestamentliche Tradition knüpft der Karsamstag an, wenn er auf die Frage: Wie soll es weitergehen?, sagt: Warte auf Gott, harre auf ihn! Nachdem der Tod sein Werk getan hat, gilt es nun, darauf zu hoffen, dass Gott sein ungleich größeres Werk tut: dass er sichtbar und erfahrbar neues Leben, einen neuen Anfang, eine neue, nie versiegende Zukunft schenkt, damals bei Jesus, heute bei uns. Warten, Harren, Hoffen!

Aber gilt da nicht das Sprichwort «Hoffen und Harren macht viele zu Narren»? Wie viel vergebliches Warten gibt es, wie viel zerstörte Hoffnungen, wie viel sinnloses Ausharren! Und zudem – machen wir uns da nichts vor – in einer Gesellschaft wie der unsrigen, die völlig unter dem Effizienzgedanken steht, gelten Warten, schweigendes Einhalten, vertrauensvolles Hoffen als etwas ganz und gar Unnützes. Effizienz ist gefragt. Bei allem, was man tut, muss etwas herauskommen: ein Werk, ein Resultat, ein Erfolg, etwas, das man dann auch herzeigen kann. Deshalb geht es bei fast allem Tun darum, etwas zu erwirken, herzustellen, zu verändern, zu planen, zu organisieren. Ganz gleich was: Hauptsache, es kommt etwas dabei heraus. Ganz anders ist es mit dem schweigenden, harrenden und hoffenden Einhalten. Dies kann nur in der Überzeugung geschehen, dass die wichtigsten und entscheidendsten Dinge nicht vom Menschen gemacht, hergestellt oder herbeigeführt werden können, dass sie vielmehr Geschenk, Gabe Gottes sind, für die wir nur unsere leeren Hände Gott hinhalten können, in der Erwartung und Hoffnung, dass er sie uns füllt, dass er es macht, dass er uns Antwort auf die Frage gibt, wie es weitergehen soll.

Dieses Harren auf Gott ist kein leeres Warten. Im glaubenden und hoffenden Harren bricht die ersehnte Zukunft schon im allerersten Vorschein an; sie verwandelt jetzt schon unser Herz. Denn wer hofft, für den ist nichts endgültig gelaufen, für den liegt nichts unwiderruflich fest: nicht der Tod, nicht der Misserfolg, nicht das Scheitern, gar nichts. Im Hoffen und Harren wird die Vergangenheit gewissermaßen aufgebrochen und offengehalten für eine Zukunft, die Gott schenkt. Und deshalb ist darin auch schon geheimnisvoll und anfanghaft die Zukunft präsent. Darauf weist Paulus hin, wenn er schreibt: «Wir sind gerettet, doch auf Hoffnung hin.» Gemeint ist: In uns ist schon die rettende Kraft der Hoffnung da! Deshalb hat der Glaubende das gewöhnliche Sprichwort ins Gegenteil zu wenden: «Hoffen und Harren macht keinen zum Narren!» Wer wirklich hofft, wer bereit ist zum geduldigen Durchhalten und sehnsuchtvollen Warten, in dem beginnt bereits die verheißene Zukunft des Heils wirksam zu werden. So gesehen steht auch das Warten des Karsamstag unter dem Licht des kommenden Osterfestes.

Das ist auch der Grund, weshalb man schon in der frühen Christenheit gläubig und fromm darüber meditierte und nachdachte, was denn zwischen Karfreitag und Ostersonntag mit diesem Jesus war, mit ihm, der – trotz allen Leidens, allen Scheiterns und trotz der Erfahrung der Gottesfinsternis – in der Haltung gläubiger Erwartung und Hoffnung in den Tod ging. «Vater, in deine Hände lege ich mein Leben!» Was ist jetzt mit ihm? Und aus dem gläubigen Meditieren entsprang die Überzeugung: Er ist zwar hinabgestiegen in das Reich des Todes, aber da er bis zum Ende geglaubt, gehofft und geliebt hat, ist er hinabgestiegen als Sieger, der den Tod endgültig bezwungen hat. Eben deshalb kann dann auch das Totenreich nicht mehr das gleiche sein wie vorher.

«Vorher» – wie denn? Nun, nach alttestamentlich-jüdischem Verständnis ist das Totenreich wesentlich charakterisiert durch Beziehungslosigkeit. Denn der Tod scheint Abbruch der Beziehung zwischen Gott und Mensch zu sein. «Gott gedenkt der Toten nicht mehr», heißt es, und vom Menschen her gesehen: «Die Toten loben Gott nicht mehr.» So ist durch den Tod gleichsam von beiden Seiten her die Beziehung zerbrochen. Das will die Metapher vom Totenreich sagen. Nun aber kommt – wiederum im Bild gesagt – Jesus in das Reich des Todes, er, der

Anastasis (9. Jahrhundert)

Der «Abstieg Jesu in das Reich des Todes», für den die vorliegende Ikone eines der ältesten Bildzeugnisse ist (8./9. Jh.), wird von der Christenheit des Ostens als Summe des ganzen Erlösungsgeschehens betrachtet. Hier zeigt sich Jesus Christus – prophetisch von David und Salomo (im Bild oben links) verkündet – nicht nur als Sieger über den eigenen Tod, den er (links unten) mit Füßen tritt. Aufgrund seiner Erniedrigung «bis zum Tod am Kreuz» (Philipper 2,8) bricht er auch für die ganze Menschheit, repräsentiert durch Adam und Eva, die «Pforten des Hades» auf (oben rechts angedeutet) und zieht uns alle in seine Auferstehung hinein – trotz der vergeblichen Bemühung des Todes (ganz unten), Adam an seinen Füßen im Totenreich festzuhalten. So wird Ostern, das Fest der (vergangenen) Auferstehung Christi, zum Fest (der immer weiter geschehenden) «Auferstehung Adams», wie die Bildunterschrift unter einer anderen alten Anastasis-Ikone lautet. Im Blick darauf fordert der Karsamstag zu geduldigem Ausharren und unerschütterlicher Hoffnung auf ein endgültiges «universales Ostern» heraus.

ganz Beziehung, *Proexistenz* ist, wie wir in diesen Tagen mehrmals gesagt haben; er ist ganz «Fürsein» für uns Menschen und «Fürsein» für den Vater. Und als solcher stiftet er in diesem – bildhaft gesprochen – finsteren «Land der Beziehungslosigkeit» und drückenden Einsamkeit neue und endgültige Beziehung zwischen Gott und Mensch. Er bricht in das verschlossene Totenreich ein und reicht, wie dies viele Bilder und Ikonen so eindrücklich zeigen, Adam und Eva die Hand. Er zieht sie und mit ihnen die ganze untereinander vernetzte Menschheit aus dem Rachen des Todes heraus.

Diese Darstellung des Abstiegs Jesu in das Reich des Todes ist für die Kirchen des Ostens die eigentliche Osterikone, nicht der Aufstieg aus dem Grab wie im Westen. Denn im Abstieg zu den Toten und in der damit erwirkten Aufhebung aller Beziehungslosigkeit des finsteren Todesreiches tut sich die ganze universale Kraft und Macht von Christi Auferstehung kund. Ja, für den großen Theologen Hans Urs von Balthasar ist dieser Abstieg Jesu in das Reich des Todes sogar der tiefste Grund für universale Hoffnung. Denn da der Sohn Gottes genau dorthin gegangen ist, wo der Platz des Sünders ist, nämlich an den Ort der Beziehungslosigkeit, Einsamkeit und Gottesferne, umgreift er mit seiner Liebe auch die, welche in extremster Distanz zu Gott stehen. So aber bringt seine Liebe Bewegung in die Totenstarre der Unterwelt. Ihre Pforten zerbrechen, sie müssen sich der neues Leben und neue Zukunft vermittelnden Kraft Christi öffnen. So sehen wir: In dieser stark bildhaften Meditation des Abstiegs Jesu in das Totenreich zwischen Karfreitag und Ostern, also am Karsamstag, wird deutlich, dass der Karsamstag als Tag des gläubigen Wartens, des Harrens und der Hoffnung in gewisser Weise schon Ostern, die Auferstehung, vorwegnimmt. Wer hofft, hat Zukunft, für den ist die Zukunft schon angebrochen. Wer von Herzen spricht oder singt: «*In Te, Domine, speravi, non confundar in aeternum* – auf dich, Herr, habe ich meine Hoffnung gesetzt, ich werde in Ewigkeit nicht zuschanden!», der singt ein österliches Lied.

OSTERN

Alle werden auferstehen

Wie in Adam alle sterben, so werden in Christus alle lebendig gemacht. Es gibt aber eine bestimmte Reihefolge: Erster ist Christus, dann folgen, wenn Christus kommt, alle, die zu ihm gehören.

1. Korintherbrief 15, 22–23

Ähnlich wie am Gründonnerstag in das Hochgebet der Eucharistiefeier zusätzlich die Worte eingefügt sind: «Das ist heute!», heißt es im sogenannten *Exultet*, dem jubelnden Hymnus der vor uns liegenden Osternacht: «*Dies* ist die Nacht, in der Christus die Ketten des Todes zerbrach und aus der Tiefe als Sieger emporstieg.» *Dies* ist die Nacht! Also heute! Auch Ostern ist nicht einfach Vergangenheit. Ostern ist heute! Denn was damals geschah, ist nicht abgeschlossen, fertig, vergangen, sondern ragt ins Heute, in jedes Heute hinein, bis es einmal am Ende aller Tage zur Vollendung und Erfüllung kommt.

Wieso ist Ostern nicht abgeschlossen? Ist denn Jesus damals nicht aus dem Tod erstanden, sitzt er nicht schon zur Rechten des Vaters in Gottes Herrlichkeit? Gewiss, ja! Aber Ostern ist deshalb nicht abgeschlossen, weil wir noch nicht mit Christus in

Herrlichkeit auferstanden sind. Denn was wir Ostern feiern, ist kein privates Geschehen an Jesus, etwas, was ihn allein betrifft. Nein, er, der unseren Tod auf sich genommen hat und für uns gestorben ist, er ist auch für uns auferstanden; seine Auferstehung gilt auch uns, ist auch für uns geschehen. «Wie in Adam alle sterben» – schreibt Paulus im 1. Korintherbrief –, «so werden in Christus alle lebendig gemacht werden.» Freilich – fährt Paulus dann fort – gibt es eine bestimmte Reihenfolge. «Christus ist der Erste, dann aber folgen alle, die zu ihm gehören» (1 Korinther 15,22f). Von hier aus erschließt sich auch nochmals ein tieferer Sinn der ostkirchlichen Oster-Ikone, von der schon zum Karsamstag die Rede war. Auf diesem Osterbild ist deshalb nicht der Auf-Stieg Jesu (zum Vater), sondern sein Ab-Stieg (in das Totenreich) dargestellt, weil er nur durch den äußersten Abstieg zu uns allen die ganze todverfallene Menschheit in seine Auferstehung mit hineinnehmen kann. Nur *mit uns allen zusammen* will er die Herrlichkeit des Vaters erfahren.

Das ist sehr schön in der vom Johannesevangelium überlieferten Begegnung des auferstandenen Herrn mit Maria Magdalena zum Ausdruck gebracht. Hier sagt Christus zur Jüngerin: «Halte mich nicht fest; denn ich bin noch nicht aufgestiegen zum Vater. Geh aber zu meinen Brüdern und sage ihnen: Ich steige auf zu meinem Vater und zu eurem Vater, zu meinem Gott und zu eurem Gott» (Johannes 20, 17), ein Vers, dessen Sinn lange Zeit durch die unpräzise lateinische Überlieferung («*Noli me tangere*» – «Rühre mich nicht an») völlig verstellt war. Es geht nicht ums «Berühren» des Auferstandenen, sondern darum, dass sein «Aufsteigen» zum Vater noch nicht zu Ende ist. Seine Auferstehung «geschieht» noch. Sie ist erst dann beendet und damit «vollendet», wenn alle Brüder und Schwestern zusammen mit ihm an der Herrlichkeit des Vaters Anteil erhalten.

Wenn wir also in dieser Nacht bekennen und feiern, dass Christus vom Tod zum Leben erstanden ist, dürfen wir dabei nicht vergessen, dass wir in dieses Auferstehungsgeschehen mit hineingehören. Wir werden Christus folgen, und zwar mit unbedingter Sicherheit. Denn eine unaufbrechbare Ereigniskette verbindet seine Auferstehung mit der unseren. Es ist so, wie wenn in einer Seilschaft – also in einer Gruppe von Bergsteigern, die im gleichen Seil hängen – der Führer den Gipfel als Erster erreicht hat. Dann ist es nur noch eine Frage der Zeit, dass auch die übrigen nachkommen; sie werden ja vom Ersten, vom Führer, abgesichert und, wenn nötig, mitgezogen, nachgezogen. Wenn der Führer am Ziel ist, ist im Grunde die Seilschaft schon am Ziel. So ähnlich ist es auch mit Ostern: Christus hat den Tod überwunden, er ist am Ziel, in der Herrlichkeit

Gottes des Vaters. Aber er ist dort nicht allein, und er ist es nicht für sich selbst. Wir gehören mit an dieses Ziel; wir dürfen und werden folgen.

Ostern ist also nicht nur ein Fest in Bezug auf das, was mit Jesus Christus geschehen ist, es ist auch unser Fest, das Fest des ganzen Leibes Christi, des einen Hauptes und der vielen Glieder. Und erst dann ist Ostern, ist die Auferstehung vollendet, wenn wir alle, alle ohne Ausnahme, durch das dunkle Tal des Todes geschritten sind und in der Kraft seiner Auferstehung an der Herrlichkeit des neuen Lebens bei Gott teilhaben dürfen, alle mit ihm und miteinander. Oder anders gesagt: Erst wenn der ganze Leib Christi vom Tod zum Leben erstanden ist, ist die Auferstehung Jesu ganz an ihr Ziel gekommen und seine eigene Herrlichkeit vollendet.

So haben es schon Theologen der Frühen Kirche zum Ausdruck gebracht, wie etwa

Origenes, von dem das folgende schöne Wort zitiert sei. Er schreibt: «Ein Leib ist es, der aufersteht. Sind es auch viele Glieder, so doch ein Leib. Es kann das Auge nicht zur Hand sagen: ‹Ich brauche dich nicht!› Selbst wenn das Auge heil und zum Sehen tüchtig ist, so fehlen ihm doch die übrigen Glieder. Wie ist da Freude des Auges möglich? Gewiss, du wirst zwar Freude haben, wenn du als Heiliger [Geheiligter] aus diesem irdischen Land scheidest. Dann aber erst wird deine Freude vollkommen sein, wenn dir kein Glied mehr fehlt. … Wenn aber für dich, der du Glied [am Leibe Christi] bist, die Freude noch nicht vollkommen ist, solange dir auch nur ein Glied fehlt, wie viel mehr muss unser Herr und Heiland, der das Haupt und der Urheber des Leibes ist, es für keine vollendete Freude ansehen, wenn ihm noch immer Glieder seines Leibes fehlen? … Er will nicht ohne dich seine volle Herrlichkeit empfangen, das heißt, nicht ohne sein

Volk, das ‹sein Leib› ist und ‹seine Glieder›» (Homilie zu Lev. 7,2).

In diesen beeindruckenden Worten ist über alle Maßen deutlich herausgestellt, dass die Auferstehung Jesu der Grund und der Beginn eines universalen, allumfassenden Geschehens ist, das die ganze Schöpfung mitreißt. Nicht Tod, nicht Hass, nicht Leiden, nicht Erfolglosigkeit, nicht Scheitern haben das letzte Wort, sondern Leben in Fülle, Leben in der Herrlichkeit des Vaters – mit Christus – im Heiligen Geist. Darauf zielt alles hin, und darum wird in den zahlreichen Lesungen der Osternacht der großen Heilstaten Gottes gedacht, darum wird in den großen Preisungen und Gebeten der Licht- und Taufliturgie die Heilsgeschichte vergegenwärtigt, um auf diese Weise herauszustellen: Alles Handeln Gottes von Schöpfung an hat die Auferstehung zum Ziel, das neue, herrliche, niemals mehr vergehende Leben der Schöpfung in Gottes Herrlichkeit: alle mit dem drei-einen Gott und untereinander vereint. Dann ist das Ziel der Wege Gottes erreicht: Einheit.

Christus ist der Erste, wir werden folgen. Heißt das: Bis dahin ist die Auferstehung für uns nur ausstehende Zukunft? Nein! Die Auferstehung erfasst auch uns schon jetzt, bricht auch in uns bereits an. Daran lässt zum Beispiel der heilige Paulus keinen Zweifel. Für ihn bedeutet die Taufe so viel wie mit Christus sterben und mit ihm auferstehen. «Auferstehung» in der Taufe und durch die Taufe bedeutet also: jetzt schon Anteil gewinnen an der verheißenen Zukunft. Aber die Taufe ist nicht einfach nur ein liturgisches Geschehen; sie muss im Alltag verwirklicht werden. Und deshalb geschieht das «Mit-Christus-Sterben» immer dann, wenn der Mensch aus seiner Ich-Zentriertheit ausbricht, wenn er den Wahn ablegt, er könne aus sich heraus, ohne Gott und gegen die anderen, sein Leben führen, wenn er statt Sklave von Gewalt, Lüge und böser Begierde zu sein, sich in den Dienst der Liebe stellt. Wo dies geschieht, da lässt der Mensch das hinter sich, was im Grunde nur Tod, Nichtigkeit, Ausweglosigkeit bedeutet, und er beginnt ein Leben, das wahre, bleibende Zukunft hat, ja, worin die verheißene Zukunft schon leise anbricht. Da geschieht also schon Auferstehung. Auf dieser Linie ruft Paulus den Getauften zu, ihr Leben so zu führen, dass sie wirklich mit Christus sterben und auferstehen. «Begreift euch als Menschen, die für die Sünde tot sind, aber für Gott leben in Christus Jesus» (Römer 6,11).

Auch für uns ist also Auferstehung nicht nur Verheißung und Zukunft, auch an uns geschieht schon ein Vorschein der Auferstehung und zwar darin und dadurch, dass wir befähigt werden, der Sünde zu sterben und mit Christus ein Leben der Liebe zu führen. In diesem Sinn ist ein bekannter Vers von

Angelus Silesius, der auf Weihnachten bezogen ist, auch auf das Osterfest hin zu übersetzen. Der ursprüngliche Vers lautet: «Wär' Jesus tausendmal in Bethlehem geboren und nicht in dir – du wärest doch verloren!» Und die entsprechende österliche Variante könnte lauten: «Wär' Jesus tausendmal an Ostern auferstanden und nicht in dir – du würdest doch zuschanden!»

Ostern feiern wir deshalb nur dann in rechter Weise, wenn wir uns von der Auferstehung Jesu buchstäblich anstecken lassen und Neues verwirklichen. Und für das Evangelium ist das Neue schlechthin die Liebe, die Gottesliebe und die Bruderliebe. Und deshalb ist es nicht von ungefähr, dass gemäß alter Tradition in den Kirchen des Ostens beim lang andauernden Friedensgruß der Osternacht zur großen Versöhnung eingeladen wird. Befeindete Nachbarn, konkurrierende Gegner, voneinander entfremdete Partner reichen einander die Hand oder umarmen sich und fangen neu miteinander an. Nur so ist wirklich Ostern. Das morgige Fest darf also nicht nur Erinnerung an ein Damals sein oder allein liturgische Feier, nein, es ist hier und heute Wirklichkeit: Auferstehung geschieht auch an uns, wenn wir uns ihr öffnen, wenn wir bereit sind – bildhaft gesprochen –, in der Seilschaft Jesu mitzumachen.

Wo in diesen Tagen Versöhnung zwischen Menschen geschieht, wo Schritte des Friedens gewagt werden, wo man neu anfängt, aus dumpfer Triebhaftigkeit auszusteigen, Wahrheit zu leben und Liebe zu verwirklichen – da geschieht überall Auferstehung, da weitet sich die Auferstehung Jesu auf uns hin aus und sie schreitet durch uns auf ihre eigene Vollendung am Ende der Tage hin aus, dann, wenn der ganze Leib Christi in Gottes Herrlichkeit eingeborgen sein wird.

P.R.

Seiten 74 und 75:

Antoni Tàpies, Auferstehung der Füße, 1988

*«Auferstehung der Füße» nennt der Künstler Antoni Tàpies (*1923) dieses 1988 geschaffene Werk. Ob er die in unserer Karfreitags-Meditation angeführte metaphorische Ausdrucksweise Augustins kannte, wonach Christus, «das Haupt», bereits in der österlichen Herrlichkeit des Himmels ist, wir aber, «seine Füße», uns noch unterwegs zur Auferstehung befinden?*
Jedenfalls setzt die künstlerische Darstellung diesen Gedanken vortrefflich ins Bild: Das dunkle Grab unten ist schon endgültige Vergangenheit; selbst als kompakter Steinblock beginnt es, Risse aufzuweisen und zu zerfallen. Christus findet sich auf diesem Bild nicht. Als der «zur Rechten Gottes» Erhöhte übersteigt er alle darstellbaren Möglichkeiten. Aber wir, «die Füße», interessieren den Künstler. Wir sind noch oder – besser! – schon unterwegs, dem Herrn dahin zu folgen, wohin er bereits gelangt ist: zum Vater. Und erst wenn ebenso «die Füße» an ihr Ziel gekommen sind, ist die Auferstehung Christi vollendet. Bis dahin «geschieht» sie immer noch: auch hier und heute.

BILDQUELLEN

Einbandmotiv:
«Anastasis»
Niello-Tafel der Staurothek Fieschi-Morgan
(vermutlich 9. Jahrhundert)
Metropolitan Museum of Art, New York
Fotografie: aus Karl-Christian Felmy, Das Buch der Christus-Ikonen, Freiburg im Breisgau 2004

S. 26–27:
Paul Gauguin, «Abendmahls-Szene» (1899)
Fotografie: © Peter Willi – ARTOTHEK

S. 37:
Johannes vom Kreuz, «Crucifixus»
Fotografie: Bildarchiv Verlag Herder

S. 57:
siehe Einbandmotiv

S. 74–75:
Antoni Tàpies Puig, «Auferstehung der Füße» (1988)
© Fondation Antoni Tapies Barcelona / VG Bild-Kunst, Bonn 2006

GISBERT GRESHAKE IM VERLAG HERDER

Warum lässt uns Gottes Liebe leiden?
128 Seiten, kartoniert
ISBN 978-3-451-28388-8
«Warum hast du geschwiegen? Warum konntest du dies alles dulden?» So hat Papst Benedikt XVI. in seiner Ansprache in Auschwitz die uralte Menschheitsfrage an Gott formuliert. Eine Frage, die jeden berührt, der von eigenem oder fremdem Leid betroffen ist: Warum? Gisbert Greshakes Überlegungen sind Frucht eines langen Lebens als Seelsorger und Theologe. Sie wollen helfen, nicht einfach zu verstummen oder zu resignieren, sondern im Leiden am Gott der Liebe festzuhalten.

Kleine Hinführung zum Glauben an den drei-einen Gott
136 Seiten, kartoniert
ISBN 978-3-451-28611-7
Der Glaube an den einen Gott in drei Personen ist eine Revolution des Gottesbildes. Warum sie der Schlüssel zum christlichen Glauben ist, erklärt Gisbert Greshake auf einprägsame und nachvollziehbare Weise.

Der dreieine Gott. Eine trinitarische Theologie
568 Seiten, gebunden mit Schutzumschlag
ISBN 978-3-451-26239-5
Das bereits in vierter Auflage erschienene Standardwerk zur Trinitätstheologie aus der Feder Gisbert Greshakes.

HERDER

SPIRITUELLE BEGLEITER

Margot Käßmann
Gesät ist die Hoffnung
14 Begegnungen auf dem Kreuzweg Jesu
96 Seiten, mit 14 Abbildungen, gebunden mit Leseband
ISBN 978-3-451-29356-6
14 biblische Kreuzweg-Betrachtungen, 14 Begegnungen auf dem Weg Jesu in seine Passion: Die Hannoveraner Landesbischöfin erschließt, wie die verschiedenen Personen der Passion exemplarisch für uns heute stehen. «Je länger ich mich damit befasst habe, desto mehr hat mich fasziniert, dass all diese Menschen, denen Jesus auf dem Kreuzweg begegnet, beispielhaft für uns Menschen überhaupt sind» (Margot Käßmann).

Phil Bosmans
Frühling für die Seele
Ein Begleiter durch die Fasten- und Osterzeit
96 Seiten, mit zahlreichen Abb., gebunden
ISBN 978-3-451-29031-2
In seiner unnachahmlichen Art verbindet Phil Bosmans menschliche Erfahrungen des Dunkels, aber auch der erwachenden Natur mit der frohen Botschaft, dass Gott an Ostern dem Menschen neues Leben geschenkt hat. «Die Auferstehung ist ein Heilungsprozess, der während unseres Lebens beginnt» (Phil Bosmans).

HERDER

www.herder.de

Gesamtgestaltung:
Weiß – Grafik & Buchgestaltung, Freiburg

Druck und Bindung:
fgb · freiburger graphische betriebe
www.fgb.de

Gedruckt auf umweltfreundlichem,
chlorfrei gebleichtem, säurefreiem Papier
Printed in Germany

ISBN 978-3-451-29575-1